AF356852

20 mai 1896
21 mai 1896

V

Vente DECOUCHE, Antiquaire

AUX ENCHÈRES PUBLIQUES

En vertu d'un jugement de la Chambre du Conseil, à la requête de M⁽ P. GRAUX,
Administrateur judiciaire

OBJETS D'ART

ET· DE CURIOSITÉ

Meubles anciens des XVII⁽ et XVIII⁽ siècles en marqueterie
bois sculpté et bois doré
Sièges, Commodes, Secrétaires, Vitrines, Cabinets
Armoires normandes, Consoles, Écrans, Glaces, Cadres anciens
Sculptures en bois et en ivoire, Bronzes
Pendules, Candélabres, Flambeaux, Girandoles
Porcelaines et Faïences anciennes
Verrerie, Objets de vitrine, Éventails, Miniatures, Boîtes
Curiosités diverses, Tableaux, Gravures

SOIERIES ET ÉTOFFES ANCIENNES

Tapisseries au point, Guipures, Dentelles

PASSEMENTERIES ET GALONS

HOTEL DROUOT, SALLE N° 2

Les Mercredi 20, Jeudi 21 et Vendredi 22 Mai 1896

A DEUX HEURES

COMMISSAIRES - PRISEURS

Mᵉ Jules BONNIN | Mᵉ Léon TUAL
Rue Taitbout, 62 | Rue de la Victoire, 56

Assistés de M. B. LASQUIN, Expert, rue Laffitte, 12

EXPOSITION PUBLIQUE

Le Mardi 19 Mai 1896, de 1 heure 1/2 à 5 heures 1/2

PARIS — 1896

IMPRIMERIE MAULDE ET RENOU

MAULDE, DOUMENC & Cie

IMPRIMEURS DE LA COMPAGNIE DES COMMISSAIRES-PRISEURS

Rue de Rivoli, 144

CONDITIONS DE LA VENTE

Elle sera faite au comptant.

Les Acquéreurs paieront CINQ POUR CENT en sus du prix d'adjudication.

MAULDE, DOUMENC et Cⁱᵉ, imprimeurs de la Cⁱᵉ des Commissaires-Priseurs, rue de Rivoli, 144.   3oo—58522

VENTE JUDICIAIRE

DE

DEUX TABLEAUX

1° Moissonneuse

Par G. LEROLLE

2° Diane chasseresse au milieu de ses Nymphes

COMPOSITION DE 14 FIGURES

Attribuée à A. COYPEL

HOTEL DROUOT — SALLE N° 2

Le Jeudi 21 Mai 1896, à 3 heures

Mᵉ **Jules BONNIN**, COMMISSAIRE-PRISEUR

Rue Taitbout. 62

Assisté de **M. B. LASQUIN,** Expert, rue Laffitte, 12

EXPOSITION : Le Mardi 19 Mai 1896

MAULDE, DOUMENC et Cⁱᵉ, imprimeurs de la Cⁱᵉ des Commissaires-Priseurs,
rue de Rivoli, 144.   100—58522

Désignation sommaire

—

MEUBLES ANCIENS

Petite Commode Louis XVI, à deux tiroirs, sur pieds élevés, en marqueterie de bois de rose à damier, garnie de bronzes et à dessus de marbre.

Petit Buffet Louis XVI, à deux portes, en bois de rose marqueté, à filets et à dessus de marbre.

Vitrine Louis XVI, en acajou, à colonnettes cannelées aux angles, garnie de cuivre et à dessus de marbre blanc entouré d'une galerie.

Vitrine, style Louis XVI, en acajou, à moulures de cuivre et à colonnettes détachées.

Petit Bureau Louis XVI, dit Bonheur-du-Jour, à pieds fuselés et cannelés, surmonté d'un casier à deux portes et un tiroir.

Petite Table Louis XVI, en bois de placage, avec tiroir-pupitre.

Table de nuit Louis XVI, à porte à coulisse, en acajou.

Secrétaire Louis XVI, en bois de placage et marqueterie à fleurs.

Cabinet Louis XIII, plaqué d'écaille et incrusté d'ivoire.

Petit Meuble Louis XIII, à quatre portes, en noyer marqueté à filets.

Armoire normande en chêne sculpté, à corbeilles de fleurs, moulures contournées, postes et rais de cœur.

Armoire normande analogue à la précédente, celle-ci en sapin.

Buffet breton à deux corps en chêne, à moulures, le bas à trois portes et deux tiroirs, le haut à deux portes ajourées à petits balustres.

Couchette Louis XVI, en bois sculpté, à colonnettes cannelées, peinte en noir et or.

Commode Louis XIV, à trois rangs de tiroirs, en noyer.

Petit Buffet surmonté d'un pupitre en noyer, ouvrant à une porte, à moulures et panneau saillant. xviiᵉ siècle.

Cabinet Louis XIII, en bois gravé et marqueté, sur son support, à quatre colonnettes.

Armoire ancienne à une porte, en chêne mouluré.

Petite Armoire Louis XIII, à quatre portes, en chêne.

Buffet ancien en chêne, ouvrant à une porte et un tiroir, en chêne.

Cabinet Louis XIII, en bois marqueté et gravé à fleurs et ornements.

Grande Console à quatre pieds contournés et à côtés obliques, surmontée d'un dressoir à large fronton ajouré, en bois marqueté et sculpté. xviiᵉ siècle.

Petite Table à ouvrage, forme Louis XV, en bois de rose et bois de violette.

Table à ouvrage en bois de rose, garnie de bronze, à quatre pieds contournés.

Trois petites Commodes de poupée en marqueterie à fleurs, en acajou et en noyer.

Coffret incrusté d'ivoire, petit Cabinet Louis XIII, en
ébène.

Meubles divers : Plusieurs Vitrines, petites Tables,
Commodes anciennes, Secrétaires, Vitrines plates,
etc.

Petite Console Louis XVI, à deux pieds fuselés et bois
doré, à tête de bélier, guirlandes et feuillages.

Petites Consoles Louis XVI, à un pied volute, en bois
sculpté et doré.

Deux petite Console forme arrondie, style Louis XVI,
en bois doré, à guirlandes et ceinture ajourée.

Deux Écrans, style Louis XVI, en bois doré, l'un avec
feuille en soierie ancienne.

Deux Bois d'écrans, style Louis XV, et un autre de style
Louis XVI.

Deux Chaises, style Louis XVI, à dossier lyre, en bois
doré.

Deux autres Chaises de même modèle en bois naturel
sculpté, garnies de lampas, et une non garnie.

Quatre Fauteuils Louis XVI, un Fauteuil Louis XIV,
un Fauteuil Empire en acajou, Chaises diverses.

Tabouret carré, style Louis XVI, en bois doré, garni de
soie ancienne.

Quatre petits Tabourets de pieds, styles Louis XV et
Louis XVI, en bois sculptés, garnis de soieries
anciennes, et autres Tabourets non garnis.

GLACES ET CADRES

Cinq Glaces à encadrements Louis XVI, de dimensions
variées, en bois doré, à guirlandes, vases et médaillons.

Glace à encadrement Louis XV, à contours rocaille, en
bois doré.

Miroir Louis XIV, avec cadre sculpté à fronton.

Deux Cadres de glaces Louis XVI, en bois doré, l'un à
guirlandes et médaillon, l'autre à guirlandes et
trophée.

Petits Miroirs Louis XVI.

Cadres de Christ Louis XIV, en bois sculpté, dont plusieurs avec crucifix en ivoire.

Plusieurs Baromètres Louis XVI, en bois sculpté et
doré.

Consoles d'appliques Louis XIV et autres.

Grand nombre de Cadres anciens des xviie et xviii[e]
siècles, de dimensions variées, pour glaces et tableaux.
Baguettes Louis XV et Louis XVI, pour dessins,
gravures et miniatures. Cadres italiens.

Trumeau Louis XIII, avec peinture Christ en croix.

Pendules et Cartels Louis XV et Louis XVI, en bois
sculpté et doré. Miroir applique.

Colonnettes Louis XIII, en bois sculpté et doré.

Statuettes et Groupes en bois sculpté des xviie et xviii[e]
siècles : Saint Sébastien, Madones, Sujets religieux,
Figures d'anges en bois doré, Vases décoratifs,
Ornements, Appliques, Cariatides.

Bénitier Louis XIII, petits Cadres ovales, style Renais-
sance, Porte-Montres.

BRONZES

Petite Pendule Louis XVI, en marbre blanc et bronze
doré, à balustres et vases.

Deux Candélabres Empire à quatre lumières, en bronze doré.

Flambeaux en marbre et bronze, genre Louis XVI.

Pendule Louis XVI, en marbre et bronze, à emblèmes militaires, le cadran placé entre deux canons.

Trois petites Pendules Empire en bronze, avec sujets à figures et ornements et autres petites Pendules anciennes à mouvement visible.

Deux Pendules Empire, en bronze doré, avec sujets.

Deux jolis Flambeaux formés chacun d'une cariatide en bronze patiné et bronze doré.

Corps de Pendule Louis XVI, en marbre blanc et bronze doré au mat, à griffons ailés et figure d'enfant.

Deux Statuettes de Faune et de Bacchante, en bronze doré.

Petit Lustre garni de cristaux.

Girandoles Louis XV et Louis XVI, en cuivre argenté.

Lampes de suspension en cuivre Louis XIII.

Quantité de Flambeaux et Bougeoirs anciens en cuivre doré et argenté.

Deux Flambeaux à figures d'enfants, sur socles en marbre, style Louis XVI.

Candélabres Empire en bronze.

Appliques, petits Vases, Figurines en bronze.

PORCELAINES, FAIENCES, BISCUITS

Huit Fontaines en ancienne faïence de Rouen, à décor polychrome et bleu.

Cache-Pots, Jardinières, Appliques, Compotiers, Vases divers en vieux Rouen.

Encriers, Porte-Huiliers, petites Commodes en Rouen
et Nevers.

Soupières, Porte-Bouquets, Écuelles en faïence de Stras-
bourg et de Moustiers.

Vase en faïence persane.

Potiches et Cornets en ancienne faïence de Delft.

Quantité de Plats et d'Assiettes en faïences de diverses
fabriques anciennes.

Potiches, Vases, Coupes, Plats et Assiettes en ancienne
porcelaine de Chine et du Japon.

Nombreuses Tasses et Soucoupes, Pièces de Cabarets,
Sucriers, Écuelles en ancienne porcelaine de
l'époque Louis XVI et de l'Empire.

Écuelle en porcelaine de Lille, décorée d'un semis de
fleurs.

Écuelle genre Sèvres, fond bleu turquoise.

Vase à fond gros bleu et médaillons de fleurs, monté en
bronze.

Corbeille Empire dorée.

Coupe ovale genre Sèvres, fond turquoise, montée en
bronze.

Vases de pharmacie en faïence italienne, Tasse en faïence
de Castelli.

Groupe en biscuit Louis XVI : Bergers et Bergères sur un
rocher.

Figurines et petits Bustes en biscuit.

Figurines en porcelaine blanche et en porcelaine
décorée.

Objets en verrerie ancienne : Carafons, Coupes, Verres à
liqueur.

OBJETS DE VITRINE

Environ trente-cinq pièces : Boîtes et Miniatures, Portraits et sujets du xviiie siècle et de l'Empire.

Collection d'Éventails anciens.

Dessus de boîte en bois sculpté.

Médaillons en biscuit : Sujets et Portraits.

Quinze pièces : Étuis anciens en nacre, en ivoire et en bois, Râpe à tabac en ivoire.

Grosse Pipe en buis sculpté.

Pipe en porcelaine de Saxe.

Bourses en perles, Boîtes en agate, Collier en jaspe.

Ornements chinois en ivoire découpé.

Montres en cuivre, quelques Bijoux.

Escarcelle Louis XIII, en velours avec fermoir en fer ciselé.

Serrure Louis XIII, en fer gravé.

CURIOSITÉS, OBJETS DIVERS

Bas-Relief, en albâtre du xvie siècle : *Jésus guérissant un malade*, Madone, sujets religieux.

Cadres Louis XIII, appliqués de cuivre.

Crucifix en ivoire et en bronze.

Bas-Relief en marbre blanc sculpté : *Diane chasseresse*.

Pitongs chinois en ivoire sculpté.

Statuette d'Hermaphrodite, en marbre.

Petites Figurines de Napoléon, en bronze.

Cadres de reliques et à broderies.

Quelques armes : Épées, Hallebardes.

Quantité d'Objets divers.

Bronzes pour garniture de meubles.

TABLEAUX, GRAVURES

Portrait de Femme en buste, en corsage rouge, de l'École française du xviiie siècle.

Portrait de Femme assise, tenant un éventail, genre de Drouais.

Portraits d'Homme et de Femme, du temps de l'Empire.

Pastel : Portrait d'Homme Louis XVI.

Christ en croix, figure de Saint.

Divers Portraits du xviiie siècle.

Petit Portrait de Femme en buste, attribué à Drolling.

Paysages, Sujets religieux et Sujets de genre.

Gravures encadrées et en portefeuille.

SOIERIES ET ÉTOFFES ANCIENNES

Très grande quantité de Soieries anciennes, Robes, Coupons, Chapes, Chasubles en brocart, Soie brodée et Soie brochée, Satin, Lampas, Moire, etc.. des xviie et xviiie siècles.

Beau Devant d'autel Louis XIII, en broderie de perles.

Tour de lit Louis XIII, en satin brodé à fleurs.

Collection d'échantillons d'étoffes sur carton.

Tentures et Rideaux en toile de Jouy ancienne et en toile de Perse.

Grand nombre de Garnitures de sièges et d'écrans en tapisserie au point des xviie et xviiie siècles.

Galons, Passementeries anciennes.

Broderies anciennes.

Guipûres et Dentelles.